# Путешествуем с Иосифом

### через Адвент

## Самюэль Шефер
## Иллюстрации Кайлы Вибе

Siretona
CREATIVE

Издано Siretona Creative · www.siretona.com
Октябрь 2022

Шефер, Самюэль, автор.
Путешествуем с Иосифом через Адвент/ написано Самюэлем Шефером;
Иллюстрации Кайлы Вибе

Английская версия
978-1-988983-71-4(Мягкий переплет)
978-1-988983-66-0(Твердый переплет)
978-1-988983-56-1(Электронная книга)

Немецкий перевод Йоханны Вибе
978-1-988983-57-8(Мягкий переплет)
978-1-988983-67-7(Твердый переплет)
978-1-988983-59-2(Электронная книга)

Украинский перевод Инны Дмитриевой
978-1-988983-58-5(Мягкий переплет)
978-1-988983-69-1(Твердый переплет)
978-1-988983-60-8(Электронная книга)

Русский перевод Инны Дмитриевой
978-1-988983-61-5(Мягкий переплет)
978-1-988983-68-4(Твердый переплет)
978-1-988983-62-2(Электронная книга)

Внутренний дизайн и макет Джули Карен · www.juliekaren.com
Дизайн обложки Кайлы Вибе и Коллин Мак-Куббин

Напечатано в Канаде Van Pelt`s Print Plus · www.vanpelts.ca

Подготовлено к продаже The Ingram Book Company

# Содержание

# Обращение к родителям

Будучи отцом двоих мальчиков, я написал эту книгу, чтобы рассказать моим детям о том, как Спаситель пришел в этот мир.

Я решил рассказать эту историю от лица Иосифа и добавить немного моих собственных размышлений над теми событиями.

Я также хотел найти способ рассказывать моим сыновьям об их семье и о том, что приходится испытывать в жизни их родителям. Для этого после каждого дня я включил вопросы для обсуждения, чтобы вовлечь детей в разговор об их жизни и жизни их семьи.

Пусть эта книга поможет излить любовь на ваших детей или других людей рядом с вами.

Самюэль Шефер

# Обращение к детям

Каждый год, в декабре, люди – дети, родители, хорошие и не очень друзья – празднуют. Они празднуют что-то особенное, случившееся 2000 лет назад. Не все знают, с чего начался этот праздник, и не все полностью понимают, что он означает. Некоторые празднуют только потому, что так делают все остальные.

Поэтому я хочу рассказать вам историю о том, как это все началось и, что более важно, что оно означает. К счастью, когда это все случилось, были люди, которые вели записи и сохранили все подробности. Благодаря этому мы можем читать и перечитывать эту историю снова и снова. Таким образом мы сами никогда не забудем ее жизнеизменяющее и жизнеутверждающее значение, а также поможем запомнить ее другим. Нам стоит особенно помнить эту историю, помимо других историй из текстов, которые мы называем Писания, потому что они говорят нам о том, что все мы должны знать и никогда не забывать.

Каждый день, начиная с сегодняшнего дня и до Рождества, мы будем рассказывать вам часть этой удивительной истории. Мы также приготовили вопросы для обсуждения.

## Давай обсудим

*Например, спроси того, кто читает тебе, было ли в его жизни что-то, что он не хотел бы забыть? Попроси рассказать тебе эту историю, а затем внимательно слушай. Возможно, кто-то даже захочет записать для тебя такую историю, чтобы ты мог читать ее и никогда не забывать.*

# Иосиф

Привет, я Иосиф. Я принадлежу к народу, который называют племя Иуды, в земле Израиль. Некоторые из моих предков были великими царями и правили этой страной. Многие люди все еще помнят тех царей и, как хорошо было в те дни. Но я не являюсь царем, как мои предки. Времена, когда кто-либо из моего народа был царем, давным-давно прошли.

В нашу страну пришли римляне. Это очень сильные и могущественные люди. Мы должны подчиняться им и слушаться их. Теперь римляне указывают моему народу, как мы должны жить.

Сейчас я строитель. Я строю дома и могу помочь людям, когда у них что-то сломалось. У меня всегда есть работа. Иногда мне нравится думать о том, как бы все могло быть, если б я был царем, а не должен был строить дома. Но такие мысли сейчас опасны. Лучше никому о них не рассказывать. Мы должны принимать римлян, как своих царей. И хоть мне это и не нравится, могло быть и хуже.

А знаете что? Я встретил кого-то особенного! Она такая замечательная, и я хочу жениться на ней. Ее зовут Мария, и при мысли о ней все становиться лучше.

## Давай обсудим

*Приходилось ли тебе переживать тяжелые времена? Как ты с этим справился? Возможно, тот, кто читает тебе, может рассказать о таком периоде в своей жизни.*

# Мария

Я уже рассказал вам о Марии? Она просто сокровище! И она происходит из того же народа, что и я – из Иудеев.

Происходить из одного народа означает, что когда-то у нас был один отец, и знаете, кто это был? Это был выдающийся воин - великий царь Давид! Он доверял Богу, и поэтому смог сразиться с гигантом Голиафом. И тогда Давид еще не был царем, а был всего лишь маленьким мальчиком. Так как царь Давид жил очень давно, мы с Марией не являемся близкими родственниками.

В моей культуре на самом деле очень хорошо, если ты хочешь взять в жены кого-то из своего народа. Ведь свадьбу устраивают родители, а значит, это поможет им быстрее обо всем договориться. Мне надо попросить разрешения у своих родителей поговорить с родителями Марии. Иногда о свадьбе договариваются еще до того, как пара познакомится. Поэтому так важно получить благословение родителей, иначе может быть беда не только для двух семей, но и для всего общества, в котором ты живешь.

Мария заботится о людях и о том, что с ними происходит. Она очень хорошо понимает, о чем они думают и, в чем нуждаются. А еще она умеет готовить очень вкусный суп! Я так рад, что мы уже официально помолвлены и можем начать подготовку к свадьбе.

## Давай обсудим

Что ты знаешь о семье, из которой происходят твои родители? Возможно, тот, кто тебе читает, поможет с этим рассказом.

# Елисавета

Мария только что ушла, чтобы навестить некоторых своих родственников. Она пошла навестить Елисавету.

Мария сказала, что Елисавета ожидает ребенка, поэтому она идет ей помочь.

Елисавета замужем за священником, который был избран, чтобы выполнять особую работу для Бога. Ему было позволено входить в храм и находиться в присутствии Бога. У меня мурашки по коже от одной мысли об этом. Ведь люди умирали в присутствии Бога. И вот однажды муж Елисаветы, побывавши в присутствии Бога, вышел из храма и не мог вымолвить ни слова.

Так вот, Мария сейчас с Елисаветой, помагает ей с ребенком. Я точно не знаю, сколько она там пробудет. Я только знаю, что Елисавета уже не молода, и иметь ребенка в ее возрасте может быть опасным и требует много сил. Поэтому понятно, что Мария хочет быть рядом и помагать. Я думаю, что это хорошо. Мария много узнает о младенцах и сможет научиться у самой Елисаветы, как за ними ухаживать. Для нее это будет хорошим опытом, потому что мы тоже хотим иметь детей. Печально, что нашим детям не будет позволено выполнять работу в храме, хоть они и будут принадлежать к народу Иудеев. Но, возможно, это и к лучшему, так как, похоже, работать в храме может быть опасно.

## Давай обсудим

*Попроси того, кто читает тебе, рассказать об особой работе, которую выполняли в твоей семье.*

# Возвращение Марии

Мария вернулась. Я был удивлен, увидев ее. Она появилась так внезапно! Но что-то изменилось.

Я поздоровался с Марией, и она рассказала мне о случившемся чуде. Когда Елисавета родила ребенка, все собрались, чтобы узнать его имя. И вдруг муж Елисаветы снова заговорил! Какая неожиданность! Захария не вымолвил и слова с тех пор, как испытал присутствие Бога в храме. И вот он снова говорит! Очевидно, Бог закрыл уста Захарии, так как он не поверил тому, что сказал ему Ангел в храме. Ангел же сказал ему, что у Елисаветы родится сын, и они должны будут назвать его Иоанн. Но муж Елисаветы не поверил, поэтому Бог закрыл ему уста.

Это не первый случай, когда мужчина не поверил, что у его жены будет ребенок. Очень давно наш предок Авраам получил обещание от Бога, что у него родится сын, от которого произойдет детей больше, чем звезд на небе. Аврааму пришлось проделать долгий путь к вере в то, что это будет именно его сын. В конце концов, Авраам уже настолько верил Богу, что готов был отдать Ему своего сына. Авраам знал, что Бог смог бы воскресить его сына из мертвых, чтобы исполнить Свое обещание.

### Давай обсудим

*Легко ли тебе верить? Возможно тот, кто читает тебе, может рассказать о времени, когда он решил поверить Божьим обещаниям.*

ДЕНЬ
4

# ДЕНЬ 5

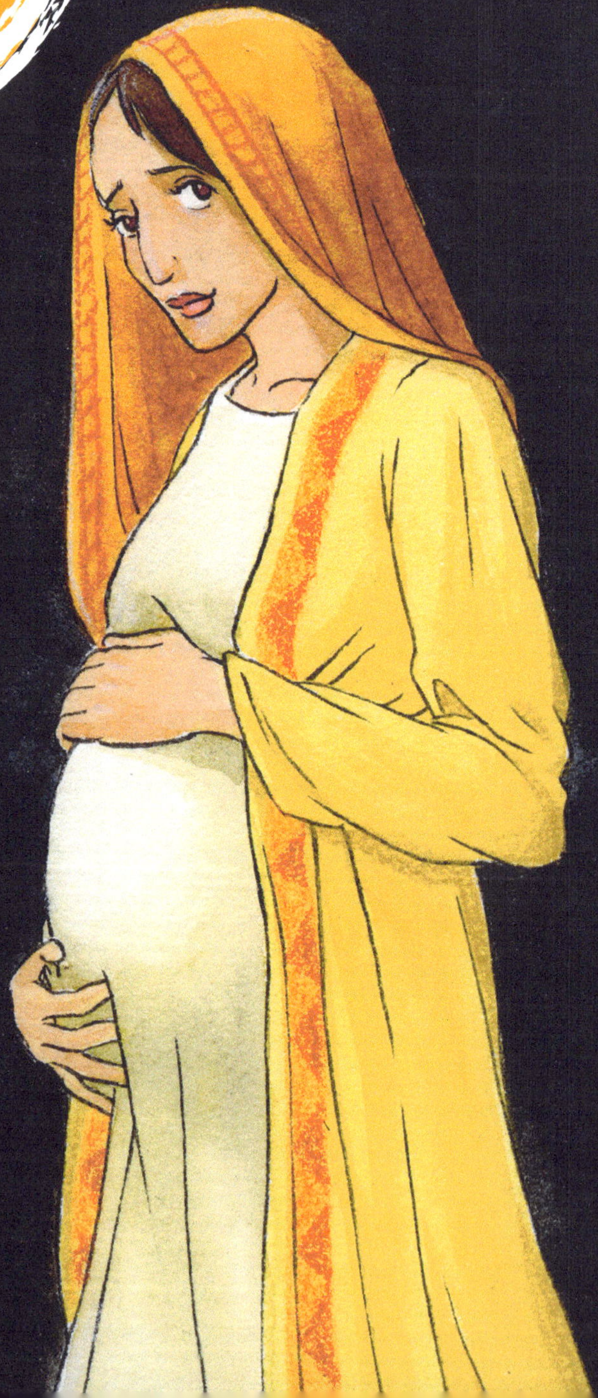

# Мария ожидает Ребенка

Плохие новости. Вскоре все в городе узнают...

Мария только что сказала мне, что она ожидает Ребенка. Я не могу в это поверить! Как она может иметь Ребенка с кем-то еще? И при этом мы все же должны быть вместе! Наша свадьба уже спланирована, а теперь оказалось, что она ожидает Ребенка. Я не знаю, как мне следует поступить теперь. Возможно, я поговорю с ее родителями и мы найдем выход из этой ситуации. Все теперь будут говорить, что мы не дождались, пока нас объявят мужем и женой. Но ведь это даже не мой Ребенок! Почему я все еще должен жениться на ней?

Я не могу рассказать об этом старейшинам города, потому что они накажут ее за нарушение договора не иметь детей с кем-то еще. Они даже могут убить ее. Я слышал от других, что такое случалось. Я не хочу, чтоб такое случилось с Марией, но почему она решила иметь Ребенка без меня?

Это ужасно! Возможно, я смогу просто исчезнуть и оставить Марию с ее родителями. Тогда она сама сможет объяснить ситуацию, в которую нас втянула. Наверное, так мне и следует поступить. Таким образом, никто не будет наказан.

## Давай обсудим

*Как ты думаешь, легко ли говорить правду? Или лучше оставить проблему в надежде, что все как-то само уладится? Возможно, тот, кто читает тебе, может рассказать тебе о такой дилемме в его жизни.*

# Мария рассказывает свою историю

Рассказал ли я вам уже, как Мария объяснила, что у нее будет Ребенок?

Мария сказала, что перед тем, как она отправилась навестить Елисавету, чтобы помочь ей с ребенком, ее посетил Ангел. Она сказала, что этот Ангел сообщил ей, что у нее родится Сын и она должна назвать Его Иисус. Он будет назван Сыном Всевышнего и будет Царем от трона Давидова, в котором соединяются моя семья и семья Марии. Но Ангел также сказал ей, что этот Младенец будет таким великим Царем, что будет царствовать вечно.

Прямо тогда я больше не был уверен, что могу верить Марии – человеку, с которым я хотел создать семью. Но самое невероятное то, что Мария спросила Ангела, как все это будет возможно, ведь мы еще не были женаты? И Ангел ответил, что Дух Святой сделает так, что внутри нее будет расти Ребенок. Я не мог этому поверить.

Мария спросила меня, как ей следовало поступить? Она сказала, что только и смогла ответить Ангелу, что она раба Господня, и пусть все будет так, как он ей сказал. Не помню, чтобы я что-либо ответил на это. Да и что я мог сказать?

### Давай обсудим

Ты когда-нибудь видел Бога или Ангелов во сне? Возможно тот, кто читает тебе, может рассказать историю о том, как Бог направлял его действия.

# Послушание Иосифа

Ангелы реальны! Прошлой ночью я лег спать после того, как упаковал вещи и приготовился исчезнуть. Когда я спал, Ангел явился мне и сказал, что я, сын Давидов, не должен бояться остаться с Марией. Более того – я должен стать ее мужем. Она имеет Ребенка от Духа Святого, и я должен буду назвать Его Иисус, потому что Он спасет народ Свой от греха.

Это было очень страшно. Я не хочу быть, как муж Елисаветы – неверующим, а затем лишиться голоса, или еще чего-то.

Но самое невероятное Ангел сказал в конце. Он сказал, что Младенца назовут Иисус, потому что Он спасет народ Свой от греха. Это может означать только одно – этот Младенец и есть обещанный Спаситель. Как Моисей вывел свой народ из страны рабства и повел в землю обетованную, так этот Младенец избавит нас от наших грехов!

Если все это правда, то Младенец Марии будет пророком, которого мы все ожидаем от начала этого мира, обещанного Богом еще в Едемском саду!

## Давай обсудим

Знаешь ли ты, что такое грех?
И почему так важно, чтобы кто-то спас тебя от него?
Возможно, тот, кто читает тебе, поможет тебе понять это.

# Слушание и исполнение

Я сделал это. Я поговорил с Марией. Я рассказал ей, что видел Ангела, и сообщил ей о том, что он мне сказал. Теперь я верю ей.

Мария была очень счастлива услышать, что я верю ей и, что теперь мы можем пожениться. Это будет особое время для нас. Мы будем праздновать целую неделю, как и положено праздновать свадьбу в моем народе. А затем Мария и я официально станем мужем и женой. Таким образом, у нашего Младенца будет отец, а у Марии будет муж. И люди больше не смогут сказать о Марии ничего плохого.

Люди все равно еще будут вести разговоры об этом, но сейчас давайте готовиться к свадьбе. Еще так много надо сделать! Нужно приготовить достаточный запас еды и вина, чтобы хватило на все эти дни. Надо пригласить музыкантов, чтобы можно было танцевать. А мне надо приготовить место, где Мария и я будем жить вместе.

Это будет начало нашей семьи. Как я и сказал вам, мне надо слушаться Ангела. Я не хочу потерять голос, как это случилось с мужем Елисаветы. Лучше я буду верить и слушаться, и делать все в точности так, как сказал мне Ангел.

## Давай обсудим

Нравится ли тебе слушаться и делать так, как тебе говорят, даже если в данный момент это не выглядит очень интересно? Возможно тот, кто читает тебе, может рассказать о том времени, когда он решил проявить послушание, хоть это и было трудно.

# Новости из Рима

Мы женаты! Но происходит еще что-то. В город пришли солдаты из Рима. Они принесли весть от Цезаря Августа, своего правителя. Это он прислал всех этих солдат, чтобы заставить нас слушаться.

Я пошел в центр города, чтобы узнать больше новостей. Как правило, ничего хорошего из Рима ждать не приходится. Они всегда хотят только больше денег или больше продуктов, которые мы выращиваем. А сейчас они сообщили о новой идее Цезаря Августа. Каждый должен идти в тот город, из которого происходит его семья, чтобы Рим мог сосчитать, сколько людей живет в империи.

Это просто безумие! Подобные действия могут привести к беде. Однажды царь Давид захотел узнать, сколько мужчин живет в его царстве. Но после того, как он сосчитал всех мужчин, Бог послал народу наказание – и многие погибли. Бог обеспечил бы победу над врагами не зависимо от того, насколько они были сильны. Именно поэтому царю не следовало считать, сколько у него мужчин, способных воевать, а следовало доверять могуществу Бога.

Указ Цезаря Августа – большая проблема для нас. Наш предок, царь Давид, не отсюда родом. Мы из Вифлеема. Поэтому сейчас нам предстоит проделать долгий путь в Вифлеем до того, как у Марии родится Младенец.

## Давай обсудим

*Знаешь ли ты, откуда происходит твоя семья и почему твоя семья живет там, где вы живете сейчас? Возможно, тот, кто читает тебе, поможет ответить на этот вопрос.*

# Дорога в Вифлеем

Я обсудил все с Марией. Как я и думал, ей было тяжело согласиться с тем, что нам нужно будет проделать такой долгий путь в Вифлеем. И причина была не важна. Она знала, что нам придется это сделать. Если мы не пойдем добровольно, то солдаты заставят нас силой. Она также знала, что у нас нет много времени на дорогу, потому что Младенец мог появиться где-нибудь по пути в Вифлеем, если мы будем собираться слишком долго.

Я могу понять, почему Мария была расстроена всем этим. Мне тоже это не нравится: проделать такой долгий путь в Вифлеем только потому, что этот Цезарь Август хочет знать, сколько людей живет в земле, которую он считает своей.

Я постараюсь сделать все возможное, чтобы облегчить этот путь для Марии. Я сказал ей, что все организую для этого путешествия, даже достану ослика. Не уверен, что найду кого-нибудь, кто просто дал бы нам его для путешествия. Ведь ослики действительно важны. Очень трудно купить ослика, но еще труднее найти кого-либо, кто согласился бы вам его одолжить.

Но все получится! Ведь Этот Младенец от Господа, поэтому Бог даст нам все необходимое, чтобы добраться в Вифлеем! И знаете что? Это мысли Марии, а не мои. Я восхищаюсь ее верой.

## Давай обсудим

*Возможно, тот, кто читает тебе, может рассказать о том времени в своей жизни, когда приходилось идти и делать то, что казалось невозможным.*

ДЕНЬ
10

# Поиск пристанища

Мы сделали это! Это было еще то путешествие! Мы даже не знаем, как долго нам придется здесь оставаться, но, вероятно, некоторое время мы будем находиться здесь. Дома о нас не очень хорошо говорят из-за того, что у Марии до свадьбы был Младенец в животике. Но здесь никто не знает об этом, да и никому не надо этого знать. Мы женаты, и у нас есть семья здесь, в Вифлееме.

У нас почти не было проблем по пути сюда. Мы понимали, что нам понадобится больше времени на дорогу в Вифлеем. Из-за этого нового закона о том, что каждый должен идти в тот город, откуда происходит его семья, на дорогах было очень много людей. Некоторые люди какое-то время шли вместе с нами, другие несколько миль помогали нести наши вещи. Но самое главное то, что всегда находилось место для ночлега. Я знал, что проделать весь этот путь с Марией будет нелегко из-за Младенца, но мы справились. Просто нам пришлось делать все медленнее, чем мы привыкли.

Самый большой сюрприз ожидал нас, когда мы пришли в Вифлеем. Там было множество народа. Как я уже сказал вам, у меня большая семья, поэтому люди привыкли принимать у себя кого-то из родственников, заботясь о дополнительном месте.

## Давай обсудим

Знаешь ли ты кого-нибудь, кто искал бы место для жизни, и как ему удалось найти пристанище? Может тот, кто читает тебе, мог бы поделиться своей историей.

# Место рождения

Наконец-то мы нашли, где остановиться в Вифлееме! Я так рад быть вместе с семьей! Но сейчас я понимаю, что Младенцу настало время родиться. А это совершенно невозможно в одной комнате со всеми этими людьми.

Я должен кое-что объяснить. В моей культуре все, кто находится рядом с роженицей, считаются нечистыми. Нечистый не может принимать участие ни в каких праздниках или собраниях. Поэтому я хочу попросить пастухов, которые за городом, разрешить нам использовать комнату для ягнят в одной из башен стада для рождения Младенца. С такой башни хорошо видно всю местность, где пасутся овцы. А внизу находится особая комната.

В эту комнату пастухи приносят всех овец, которые в скором времени должны привести ягнят. Когда рождаются ягнята, пастухи подхватывают их, чтоб ягнята даже не коснулись земли. Затем пастухи заматывают ягнят в пелены и кладут в ясли, чтоб они ничего себе не повредили. Пастухи должны убедиться, что у ягнят не будет никаких недостатков или повреждений. А затем из храма приходят священники, чтобы выбрать совершенного ягненка для жертвоприношения. Вот почему в этой комнате всегда тепло и очень чисто.

## Давай обсудим

Так много вещей имеют особое значение. Делаешь ли ты что-то, что имеет особое значение, например, молишься перед сном или когда идешь в школу? Возможно, тот, кто читает тебе эту историю, может объяснить значение некоторых действий.

ДЕНЬ
12

ДЕНЬ
13

# Рождение Иисуса

Ура, пастухи согласились! Они полностью понимают нашу ситуацию.

Сейчас мы с Марией находимся в комнате для ягнят в одной из таких башен. Здесь очень чисто. И у пастухов есть целая система, как обогревать это помещение. Пару дней я здесь все подготавливал, а сейчас привел сюда Марию. Похоже, очень скоро Младенец появится на свет. Мария уже чувствует это. Но я ничего не взял, чтобы спеленать Младенца. Чувствую себя ужасно! Я должен был позаботиться об этом. Надеюсь, Мария возьмет те пелены, которые она приготовила. Она так трудилась над ними, украшая их символами нашего народа. Они получились очень красивыми. Но если она и забудет, то здесь есть много чистых отрезов ткани.

О, постойте, кажется, началось! Мария зовет меня! Младенец рождается на свет!

Ух-ты! Какой крошечный! Я и забыл, какими маленькими могут быть дети. Это что-то невероятное! Я завернул Его в пелены, Он поел и сразу же уснул. Я положил Его в ясли, где Ему тепло и уютно.

## Давай обсудим

Рассказывал ли тебе кто-нибудь о том, как ты появился на свет? А может быть ты даже знаешь, в какое время? Возможно, тот, кто читает тебе, может рассказать все подробности.

# Пастухи находят Иисуса

Прошлой ночью я очень плохо спал. Во-первых, я был так взволнован появлением на свет нашего Сына! Во-вторых, Марии нужен был отдых, и я всячески старался не тревожить ее.

А затем случилось что-то невероятное. Я думал, что ночью мы хорошо выспимся. Только время от времени надо будет кормить нашего Сына. И вот в полночь, когда я положил Младенца снова в ясли, я услышал шум приближающихся голосов. Я вышел проверить, что случилось, и внезапно был окружен пастухами.

Не знаю, как им удалось узнать, что наш Младенец уже родился. Но они бежали к нам так, будто это был их собственный ребенок. Они сказали, что пришли увидеть Христа – своего Господа и Спасителя и поклониться Ему. Поэтому мне пришлось впустить их и поднести свет к головке нашего Сына.

И тут все пастухи начали молиться и говорить, что всё, что сказали им Ангелы – правда. Я не совсем понимал, о чем они вели речь, поэтому просто позволил им говорить дальше. Они были благодарны, что их Спаситель наконец-то пришел в мир, и что им первым было позволено Его увидеть.

Ой, мне надо идти! Наш Сын плачет. Об Ангелах я расскажу вам завтра.

## Давай обсудим

*Ух-ты, пастухи нашли Иисуса! Радуешься ли ты, когда наконец-то находишь то, что долго искал? Возможно, тот, кто читает эту историю, может рассказать тебе, как он нашел Иисуса. Или как это можешь сделать ты.*

ДЕНЬ
14

# Пастухи и Ангелы

Это просто невероятно! Пастухи рассказали мне о том, что в полночь их посетили Ангелы. Пастухи часто рассказывают небылицы, чтобы скоротать время. Но не все пастухи одинаковые. Давным-давно мой предок, царь Давид, тоже был здесь пастухом. Когда Давид пас овец, он любил сочинять и петь песни.

Так вот, когда пастухи охраняли овец, внезапно им явился Ангел. Они сильно испугались, увидев Ангела прямо перед собой. Но Ангел сказал им: «Не бойтесь! Я возвещаю вам великую радость, которая будет всем людям. Ибо ныне родился вам в городе Давидовом Спаситель, Который есть Христос Господь. И вот вам знак: вы найдете Младенца в пеленах, лежащего в яслях».

Вот что сказал им Ангел, и вот почему пастухи были уверены, что это именно наш Сын. Ведь мы завернули Его в пелены и положили в ясли.

А затем внезапно появился целый хор Ангелов. Они пели: «Слава, слава в вышних Богу, и на земле мир, в человеках благоволение!»

### Давай обсудим
Послание Ангелов было большим событием! Возможно, тот, кто читает тебе эту историю, может рассказать, как однажды он получил важное известие и что он при этом чувствовал.

# Пастухи и Пасхальный Агнец

Вы помните, что сказал пастухам Ангел? «Ныне родился вам в городе Давидовом Спаситель, Который есть Христос Господь». Постепенно они поняли, что эти слова имеют глубокий смысл.

Ангел сказал, что они найдут Младенца, завернутого в пелены и лежащего в яслях. Эти слова напомнили им тех ягнят, которые рождаются именно в этой комнате. И затем каждый год из храма приходит Первосвященник, чтобы выбрать совершенного ягненка. Этот ягненок станет Пасхальным Агнцем.

Во время праздника Пасхи мы вспоминаем последнюю ночь моего народа в Египте, где они были рабами. В ту ночь каждый должен был взять совершенного ягненка, зарезать его, приготовить и съесть, а кровью помазать косяки дверей. Ко всем, кто этого не сделал, приходил Ангел и поражал первородного сына в доме. Умер даже сын египетского фараона. Но моему народу это помогло выйти из Египта.

Это страшная история, но мы все еще вспоминаем ее каждый год, потому что Бог спас мой народ. Кровь агнцев спасла сыновей моего народа в Египте. А теперь другой Спаситель лежал в пеленах. Но теперь это не ягненок, а маленький человек.

## Давай обсудим

Задумывался ли ты над тем, почему ты делаешь определенные вещи, например, зажигаешь свечи на Рождество? Возможно, тот, кто читает тебе, может привести еще примеры.

# Пастухи идут на зов

Пастухи появились у нас в полночь и хотели увидеть Иисуса. Он лежал в яслях, завернутый в пелены точно так же, как обычно лежали там их ягнята. А затем они упали на колени и стали благодарить Бога за то, что Он прислал их Спасителя.

Когда пастухи ушли, они всем встречным рассказывали о том, что нашли Спасителя. Они всё еще продолжают рассказывать всем о приходе Ангелов и их послании. Пастухи говорят о Пасхальном Агнце и о том, как это касается нашего Сына.

Пастухи также начали говорить о Писаниях, которые мы все хорошо знаем. В одном из них говорится об ожидании Пророка, который совершит больше чудес, чем Моисей. Затем они стали говорить о песне, написанной царем Давидом о Спасителе: "Он будет как дерево, посаженное при потоках вод, которое приносит плод свой во время свое, и лист которого не вянет. И во всем, что Он ни делает, успеет. И будет Он смел и мужествен, и построит Он новое царство".

Все Писания говорят о грядущем Спасителе. Что произойдет, если пастухи не перестанут об этом говорить? Возможно, все попросту сочтут их сумасшедшими и даже не станут их больше слушать.

## Давай обсудим

*Получал ли ты когда-либо такие замечательные новости, что не переставал о них говорить и благодарить Бога? Возможно, тот, кто читает тебе, может поделиться таким случаем.*

# Знак

Нашему Сыну сейчас семь дней отроду, и мы готовимся к особенному событию завтра. На восьмой день жизни мы сделаем нашему Младенцу обрезание. Я знаю, что это странное слово. Это означает, что наш Сын будет иметь знак принадлежности к нашему народу – народу, избранному Богом. Для этого надо будет отрезать немного Его кожи. Таким образом наш Сын будет всегда помнить об этом.

Конечно, Он не будет помнить именно этот день. Но когда Он будет видеть недостающую кожу, Он будет вспоминать о принадлежности к нашему народу. Этот знак Бог повелел иметь нашему предку Аврааму и всем его детям для того, чтобы мы помнили о нашей принадлежности Богу. Только мальчики будут иметь такой знак.

Также, в это же время мы даем имена новорожденным мальчикам. Ангел сказал нам, что мы должны назвать своего Сына Иисус, потому что Он спасет народ Свой от греха. Похоже, что Иисус произведет большие перемены в людях, но не обрезанием кожи, а переменами в сердце спасенного от греха человека. И на этот раз это уже будут не только мальчики, но все люди!

## Давай обсудим

Отмечаете ли вы как-то по-особенному рождение ребенка или выбор его имени? Возможно, тот, кто читает тебе, может рассказать, как выбирали твое имя.

ДЕНЬ
18

# Иисуса приносят в храм

Мы пришли в храм в Иерусалиме сделать жертвоприношение, чтобы Мария снова считалась чистой. У нас не было ягненка, поэтому мы принесли пару голубей. А еще мы заплатили пять шекелей серебра, потому что Иисус наш первенец.

С рождением первенца связано очень много. Он принадлежит Богу, поэтому должен быть выкуплен в храме. Также нам надо помнить о первенцах, которые погибли в Египте, перед выходом наших предков, потому что Египтяне не послушались повеления Бога помазать дверные косяки кровью агнца.

Когда мы были в храме, к нам подошли старец и пожилая женщина. Бог обещал им, что они не умрут, пока не увидят Спасителя. По крайней мере, Симеону точно было дано такое обещание. И вот Симеон вдруг говорит то, что сильно удивило меня и Марию. Он сказал, что Бог ныне отпускает его умереть, потому что он наконец-то увидел спасение от греха, приготовленное Богом для всех народов – для народа Израиля и для всех других наций!

Ну вот, теперь Мария считается чистой, и мы можем возвращаться в Вифлеем. Интересно, что еще может произойти и, кого еще мы можем встретить?!

## Давай обсудим

Знаешь ли ты, что для каждого живущего на этой земле есть цель? Так же, как старец Симеон описал цель жизни Иисуса. Возможно, тот, кто читает тебе, поможет тебе найти цель твоей жизни.

# Приход мудрецов

Иисус уже начинает потихоньку ходить. А в Вифлеем этими днями пришла большая толпа народа. Они сказали мне, что пришли далеко с востока, чтобы поклониться новорожденному Царю. Звезда привела их к нашему дому, поэтому они были уверены, что Царь родился здесь.

Когда я это услышал, то вспомнил пастухов, пришедших увидеть новорожденного Иисуса. Интересно, кто следующий придёт поклониться Иисусу?

Все гости зашли в дом, потому что они действительно хотели увидеть Иисуса. И знаете что? Они начали поклоняться Иисусу точно так же, как это делали пастухи!

Возможно, нам надо напоминать о том, кем на самом деле является наш Сын Иисус. Ведь эти люди действительно очень важные. Это мудрецы, которые помогают своему царю принимать правильные решения. Поэтому они пришли с охраной из солдат и многочисленными помощниками.

Их путешествие не случайное решение. Эти люди пришли, потому что их царь разрешил им, посчитав это очень важным. И всё это из-за звезды, которую они никогда раньше не видели. Эта звезда была такой важной, что они должны были узнать ее значение. Вот почему они и прибыли.

## Давай обсудим

Когда рождается ребенок — это всегда большая радость. Возможно, тот, кто читает тебе, может рассказать, кто приходил увидеть тебя, когда ты родился.

ДЕНЬ
20

# *Звезда*

Я стал расспрашивать мудрецов об этой звезде, потому что я знал только историю о звёздах от нашего отца Авраама. Бог обещал Аврааму, что однажды его потомков будет столько, сколько звёзд на небе. И сейчас одна из этих звёзд стала такой особенной для мудрецов!

Когда мудрецы увидели эту звезду на небе, она не была похожа на все остальные звёзды. Это была особенная звезда, какой они никогда не видели прежде. Поэтому они начали изучать всевозможные писания, надеясь найти упоминание о появлении такой звезды.

И вот однажды они нашли Писания моего народа, в котором говорилось: «Восходит звезда от Иакова и жезл восстает от Израиля». Вот почему они начали думать об Израиле. Они прочитали, что Иуда, одно из колен Израиля, будет держать скипетр, что означает – будет Царем. Как только они это поняли, они приготовились к путешествию в Иерусалим–столицу Иудеи.

Когда мудрецы покинули Иерусалим, они снова увидели звезду. Все ту же звезду, что они видели у себя на родине. Ради этой звезды они и пришли сюда.

## Давай обсудим

*Интересно, что может привести тебя к кому-то настолько особенному, как Иисус? Возможно, тот, кто читает тебе, может рассказать свою историю, как он нашел что-то или кого-то особенного.*

# Дары

Мудрецы сказали мне, что нигде и никогда раньше не говорилось о такой звезде. Увидеть такую звезду было равносильно чуду. Им стало ясно, что эта звезда возвещала о рождении Царя или даже о чём-то большем.

Вот почему они принесли нам три особенных дара. Первый подарок – золото, который преподносят только царям. Второй подарок – ладан, который священники используют в храме для ароматизации хлебного приношения, чтобы сделать его приятным для Бога. И третий подарок – смирна. Я не совсем понял, для чего они принесли этот дар. Обычно смирну используют для того, чтобы приготовить умершего человека к погребению.

Они пришли издалека и провели в дороге очень много дней. Их царю было не просто дать разрешение на такое путешествие – с огромным количеством вооруженной охраны и многочисленными слугами. Но стоило только мудрецам рассказать ему о чудесной звезде – и царь согласился. Они пришли и преподнесли Иисусу эти особенные дары, указывая на то, что ожидает Его в дальнейшей жизни.

## Давай обсудим

Знаешь ли ты, что, возможно, благодаря этим мудрецам у нас появилась традиция дарить друг другу подарки на Рождество? Их подарки имели особое значение. А какое значение имеют твои подарки? Возможно, тот, кто читает, поможет тебе сделать подарок с особым значением.

# Ирод

Мудрецы не пришли сразу в Вифлеем. Вначале они остановились в Иерусалиме. Думаю, потому что во все времена все наши цари жили именно там.

Они рассказали мне, что пошли прямо к Ироду, правителю этой области, и спросили о новорожденном Младенце. Ирод никому не позволит быть царем, кроме себя. А тут вдруг приходят эти важные люди, продслав такой длинный путь, полагая, что есть другой Царь!

Поэтому царь Ирод созвал учителей Писания и спросил у них, есть ли где-нибудь упоминание о месте рождения Христа. И наши учителя ответили ему, что Вифлеем, в земле Иудиной, очень важный город, потому что из него произойдет Царь, Который будет Пастырем Божьего народа. Это было написано пророком Михеем за семьсот лет до рождения Иисуса.

Ирод тайно призвал мудрецов и хотел выведать у них о том времени, когда впервые появилась звезда. Он попросил их вернуться, когда они найдут Иисуса, чтобы и он тоже мог пойти и принести Ему дары. Неужели Ирод действительно собирается пойти увидеть Иисуса?

### Давай обсудим

Легко ли верить Писаниям, подобным Книге пророка Михея? Ведь это было написано так давно! Возможно, тот, кто читает тебе, может рассказать о других обетованиях, также записанных в Писании.

# Сны

Мудрецы упаковывают свои вещи и готовятся в обратный путь. Они только что сказали мне, что видели необычный сон. Они поняли это как предупреждение не возвращаться назад к Ироду, и решили не говорить ему, где он сможет найти Иисуса.

Ирод ясно дал им понять, что хочет узнать, где родился царственный Младенец. Поэтому он дал мудрецам задание найти Младенца и собрать всю информацию о Нем.

Я тоже видел сон. Ангел явился мне и сказал: «Спасайся! Встань, возьми Иисуса и Марию, и беги в Египет. Оставайся там, пока я не скажу тебе возвращаться, потому что Ирод ищет Иисуса, чтобы убить Его».

Вот почему Мария, Иисус и я идем в Египет. Мы никому не сказали об этом. Мы должны убегать очень быстро. Я рад, что мудрецы принесли нам все эти дары. Они помогут нам прожить, пока мы будем скрываться в Египте. Это напоминает мне Авраама или Иакова с семьей, когда они шли в Египет, чтобы спастись.

Возможно, нам надо идти в Египет потому, что так говорят Писания: в одном из них написано, что Бог призовет Сына Своего из Египта. Так записал пророк Осия, еще за семьсот лет до рождения Иисуса.

Надеюсь, никто не знает о нашем бегстве в Египет.

## Давай обсудим

Убегать не нравится никому. А тебе приходилось когда-либо убегать от кого-то? Возможно, тот, кто читает тебе, может поделиться такой ситуацией.

ДЕНЬ
25

# Возвращение в город

Мы долгое время оставались в Египте, но сейчас уже вернулись в Израиль.

Возможно, вы поинтересуетесь, почему мы сейчас в Назарете, а не в Вифлееме. Что ж, после нашего побега в Вифлееме было тяжелое время из-за Ирода, и нам не хотелось быть напоминанием о тех событиях. Земля, где мы находимся сейчас, не подвластна сыну царя Ирода, который стал править после своего отца. Он стал царем той же области, что и его отец. Но самое главное – мы послушались предупреждения Ангела, что мы должны поселиться именно здесь, а не в Вифлееме.

Когда мы были еще в Египте, Ангел явился мне и сказал: «Встань, возьми Дитя и Матерь Его, и возвращайся в Израиль». Мы не знали, что Ирод умер, но мы должны были исполнять то, что сказал Ангел. Я очень испугался, когда мы подошли близко к Вифлеему и узнали, что сын Ирода стал царем. И тогда снова явился нам Ангел и сказал идти в Назарет.

Вот это путешествие! Началось все в Назарете с обращения Ангела к Марии, и вот мы снова тут, в Назарете, потому что Ангел так нам сказал. Думаю, этому есть причина, возможно, новые Писания об Иисусе, как о Спасителе. Просто невероятно, как много Писаний говорят о приходе Спасителя! Кажется, один учитель говорил мне, что их примерно от 350 до 500. Вот посмотрим, все ли они сбудутся. Не удивительно, что Бог должен был послать Ангелов, чтобы все происходило в точности так, как написано. Вот почему мы можем доверять тому, о чем говорят Писания!

## Давай обсудим

Верить в то, что Иисус – Спаситель, обещанный много веков назад, было не просто в те времена, это не просто и сейчас. Хотел бы ты узнать Иисуса? Возможно, тот, кто читает тебе, может помочь тебе в этом. Но если ты не найдешь такого человека, просто попроси Бога помочь тебе узнать Его Сына Иисуса Христа. Он обязательно пошлет тебе помощь.

# Заключение

Иисус вернулся из Египта в Израиль. Когда Ему было примерно тридцать лет, Он начал Свое служение, провозглашая, что приблизилось Царство Божие. Он ходил и учил, и совершал много чудес, так что люди начинали верить, что Он обещанный пророк, подобный Моисею.

Иисус избрал двенадцать учеников и лично учил их всему из Иудейских Писаний о том, что будет. Он объяснял, что все, о чем говорят Писания, должно исполниться: что Спаситель будет страдать и воскреснет из мертвых в третий день, и будет проповедано во имя Его всем народам, начиная с Иерусалима.

Другой автор, Апостол Павел, писал юноше по имени Тимофей, что Писания, которые он знал с детства, могут помочь ему понять, как спастись через веру в Иисуса Христа.

Иисус пришел, чтобы все мы были спасены, чтоб понимали великий Божий план, и верили в Сына Его Иисуса Христа. Нам нужно просить у Небесного Отца помощи в том, чтобы через тексты Писания понять, почему Иисусу надо было прийти и почему Он наш Спаситель. Иисус – Сын Божий, и Он единственный путь к Богу Отцу. Каждый, кто верит в Него, будет иметь жизнь вечную.

Спасибо за чтение. Пусть Бог Отец привлечет вас ближе к Иисусу Христу, так чтоб вы могли поверить, получить Духа Святого, и иметь жизнь вечную с Отцом на небесах. До встречи там!

# Примечания

**ДЕНЬ 1    Иосиф**
- **Матфея 1:1-17** показывает обещанную родословную линию через Иосифа
- **3 Царств 10:23-29** небольшое описание богатств и власти царя Соломона

**ДЕНЬ 2    Мария**
- **Луки 3:23-38** считается родословной по линии Марии

**ДЕНЬ 3    Елисавета**
- **Луки 1:1-23** повествует о разговоре Захарии с Ангелом в храме
- **Луки 1:36-40** говорит о том, что Мария пошла навестить свою двоюродную сестру, Елисавету

**ДЕНЬ 4    Возвращение Марии**
- **Луки 1:57** описывает то, как Захария снова стал говорить
- **Бытие 16:1-2** Авраам послушался совета своей жены, вместо доверия Божиим обетованиям, как было прежде

**ДЕНЬ 5    Мария ожидает Ребенка**
- **Матфея 1:18-19** показывает, что Иосиф хотел тайно развестись с Марией

**ДЕНЬ 6    Мария рассказывает свою историю**
- **Луки 1:26-39** описывает, как Ангел посетил Марию

**ДЕНЬ 7    Послушание Иосифа**
- **Матфея 1:20-23** рассказывает об Ангеле, посетившем Иосифа

- **Второзаконие 34:10-12, Деяния 3:22, Деяния 7:37** говорит о том, что не было более у Израиля Пророка, чем Моисей
- **Исход 3:6-10, Исход 12:50-51, Исход 14:28-31, Второзаконие 34:1-4** повествуют о том, как Бог использовал Моисея, чтобы освободить Свой народ из Египта и вести его в Землю Обетованную

## ДЕНЬ 8   Слушание и исполнение

- **Матфея 1:24-25** показывает, что Иосиф сделал в точности так, как сказал ему Ангел Господень
- **Иоанна 8:31-42** фарисеи спорят с Иисусом о том, кто является их и Его отцом

## ДЕНЬ 9   Новости из Рима

- **Луки 2:1-3** говорит о повелении кесаря сделать перепись населения
- **2 Царств 24:10-17** повествует о том, как царь Давид, вопреки воле Бога, решил сосчитать своих воинов, за что 70 000 населения погибло от чумы

## ДЕНЬ 10   Дорога в Вифлеем

- **Левит 12:6-8** если люди не могли предложить для жертвоприношения ягненка, то они могли предложить двух голубей
- **Луки 2:24** Иосиф и Мария предложили для жертвоприношения двух голубей, что говорит о том, что, вероятнее всего, они были бедны и не могли позволить себе ехать на ослике

## ДЕНЬ 11   Поиск пристанища

- **Луки 2:6-7** слово «гостиница» также переводится как «комната для гостей». Конечно, если рядом есть семья или друзья семьи, то всегда можно остановиться у них, но не было отдельной комнаты для рождения ребенка Марии, так как это делало всех присутствующих «нечистыми»

## ДЕНЬ 12    Место рождения

✦ **Михея 4:8** упоминает башню стада, которая возвратится прежнее владычество Иерусалима

## ДЕНЬ 13    Рождение Иисуса

✦ **Луки 2:7** описывает рождение Иисуса, и что Он был завернут в пелены и положен в ясли

## ДЕНЬ 14    Пастухи находят Иисуса

✦ **Луки 2:15-17** рассказывает, как пастухи хотят увидеть Иисуса, лежащего в яслях

## ДЕНЬ 15    Пастухи и Ангелы

✦ **Луки 2:8-14** описывает появление Ангелов пастухам

## ДЕНЬ 16    Пастухи и Пасхальный Агнец

✦ **Исход 12:21-32** рассказывает о первой Пасхе в Египте

## ДЕНЬ 17    Пастухи идут на зов

✦ **Луки 2:17-20** описывает, как все удивляются рассказу пастухов, а Мария слагает все в своем сердце
✦ **Второзаконие 34:10-12** говорит, что не было больше у Израиля пророка такого, как Моисей
✦ **Псалом 1** дает характеристику совершенного человека, живущего по Писанию (в еврейской культуре традиционно считается Миссианским псалмом. Прим.).

## ДЕНЬ 18    Знак

✦ **Луки 2:21** говорит об обрезании Иисуса и объявлении Его имени
✦ **Бытие 17:9-14** описывает повеление Бога Аврааму делать обрезание всем его потомкам как знак завета с Богом

## ДЕНЬ 19    Иисуса приносят в храм

✦ **Луки 2:22-38** рассказывает о посещении храма для очищения и представления первенца

✦ **Левит 12:1-8** описывает процесс очищения женщины после рождения ребенка, чтоб она снова считалась «чистой»

✦ **Исход 13:11-16, Числа 3:11-13, Числа 18:15-16** говорят о том, что первенец принадлежит Богу и должен быть выкуплен за определенную цену

## ДЕНЬ 20    Приход мудрецов

✦ **Матфея 2:1-2, Матфея 2:9-11** рассказывают, как мудрецы пришли поклониться Царю

## ДЕНЬ 21    Звезда

✦ **Матфея 2:2, Матфея 2:9-10** описывают появление звезды

✦ **Бытие 15:5-6** говорит об обещании Бога дать Аврааму потомков, как звёзд на небе

✦ **Числа 24:17** говорит о Звезде, восходящей от Иакова, и жезле, восстающим от Израиля

✦ **Бытие 49:10** первое обетование, указывающее на то, что Иисус будет происходить из племени Иуды

## ДЕНЬ 22    Дары

✦ **Матфея 2:11** описывает дары, которые мудрецы принесли Иисусу

## ДЕНЬ 23    Ирод

✦ **Матфея 2:1-8** описывает разговор мудрецов с Иродом в Иерусалиме

✦ **Михея 5:2** текст, на который ссылается Матфей при описании разговора Ирода и мудрецов о месте рождения Мессии

## ДЕНЬ 24   Сны
+ **Матфея 2:12-15** описывает бегство Иосифа и Марии с Иисусом в Египет
+ **Осия 11:1** текст, на который ссылается Матфей, где говорится, что Бог из Египта призовет Своего Сына

## ДЕНЬ 25   Возвращение в город
+ **Матфея 2:16-23** повествует об избиении Иродом всех младенцев в Вифлееме и возвращении Иосифа, Марии и Иисуса в Назарет
+ **Иеремия 31:15** текст, на который ссылается Матфей при описании избиения младенцев царем Иродом

## ЗАКЛЮЧЕНИЕ
+ **Евангелия от Матфея, Марка, Луки и Иоанна рассказывают о служении Иисуса**
+ **Луки 24:44** Иисус учит о том, что все Писание должно исполниться
+ **2 Тимофею 3:15** говорит о Писаниях, которые помогают людям увидеть, как спастись через веру в Иисуса Христа
+ **Иоанна 3:16** Иисус провозглашает, что всякий, верующий в Него, будет иметь жизнь вечную
+ **Деяния 10:43** объясняет, что все пророки свидетельствуют о том, что всякий, верующий в Иисуса Христа, будет иметь прощение грехов по вере в Него

# Узнать больше

Чтобы узнать больше о переводах на другие языки, заказать больше книг, подарить книги беженцам и другую информацию вы можете получить, посетив наш вебсайт:

www.schaeferbooks.com

# Благодарность

Моей жене Боните, которая посеяла семя.

Моим племянницам, которые вдохновили на создание книги.

Всем в Siretona Creative и Nestbuilders, кто помог сделать эту книгу такой, как она есть сейчас.

Кайле Вибе за ее искусство и терпеливость к моим идеям.

Моим двоим сыновьям, которые год за годом слушали чтение этой книги.

Друзьям и родственникам, которые поддерживали и ободряли на этом пути.

Всем переводчикам и редакторам, которые оказывали мне помощь и будут еще помогать с переводом книги на другие языки.

.

www.ingramcontent.com/pod-product-compliance
Lightning Source LLC
Chambersburg PA
CBHW040905120626
46551CB00006B/648